Alexandre Azevedo

O ABC do dromedário

Ilustrações de Jótah

Dados Internacionais de Catalogação na Publicação (CIP)
(Câmara Brasileira do Livro, SP, Brasil)

Azevedo, Alexandre
   O ABC do dromedário / Alexandre Azevedo ;
ilustrações Jótah. – 3. ed. – São Paulo : Paulinas, 2011.
   – (Coleção esconde-esconde)

   ISBN 978-85-356-1202-8

   1. Literatura infantojuvenil   I. Jótah.   II. Título.
III. Série.

11-01285   CDD-028.5

Índices para catálogo sistemático:
   1. Literatura infantil   028.5
   2. Literatura infantojuvenil 028.5

Nenhuma parte desta obra pode ser reproduzida ou transmitida por qualquer forma e/ou quaisquer meios (eletrônico ou mecânico, incluindo fotocópia e gravação) ou arquivada em qualquer sistema ou banco de dados sem permissão escrita da Editora. Direitos reservados.

Revisado conforme a nova ortografia.

3ª edição – 2011
2ª reimpressão – 2017

Direção-geral
Flávia Reginatto

Editora responsável
Maria Alexandre de Oliveira

Copidesque
Maria Cecília Pommella Bassarani

Coordenação de revisão
Andréia Schweitzer

Revisão
Mônica Elaine G. S. da Costa
Ana Cecilia Mari

Direção de arte
Irma Cipriani

Gerente de produção
Felício Calegaro Neto

Produção de arte
Everson de Paula

Paulinas
Rua Dona Inácia Uchoa, 62
04110-020 – São Paulo – SP (Brasil)
Tel.: (11) 2125-3549 – Fax: (11) 2125-3548
http://www.paulinas.org.br
editora@paulinas.com.br
Telemarketing e SAC: 0800-7010081

© Pia Sociedade Filhas de São Paulo – São Paulo, 2004

Para Elisa, Fernanda, Clarissa e Pedro Alexandre.
Para minha mãe Idelvés.
À memória do meu pai, Weliton.

AS ARARAS

A arara
E a ararinha
Saíram de férias...

Uma voou para
Araraquara

E a outra para
Araraquarinha!

O BEM-TE-VI E O BEIJA-FLOR

Um

Bem-te-vi

Esbarrou

Num fosforescente

Beija-flor.

– Me desculpe – disse afobadamente. – Eu...

MAL-TE-VI
MAL-TE-VI
MAL-TE-VI
MAL-TE-VI
MAL-TE-VI
MAL-TE-VI

CAMILO, CAMELO COMILÃO

Camilo,
Camelo,
Comilão!
Come
Caramelo,
Carambola,
Camarão...

Caramba!
Como
Come o
Camilo...
Come
Também comida
Por quilo!

Camelo
Mais comilão,
Juro que nunca
Vi não!
Se deixar
Come
Um caminhão
De queijo
Com
Macarrão!

Camilo
Come de tudo,
Come até na minha
Mão!

Dário, o dromedário

Dário

Anda

E não para...

Anda

E não para...

Anda

E não para...

Anda

E não para...

Pobre dromedário,

Já nem

Sabe

Quantas voltas deu pelo...

Saara!

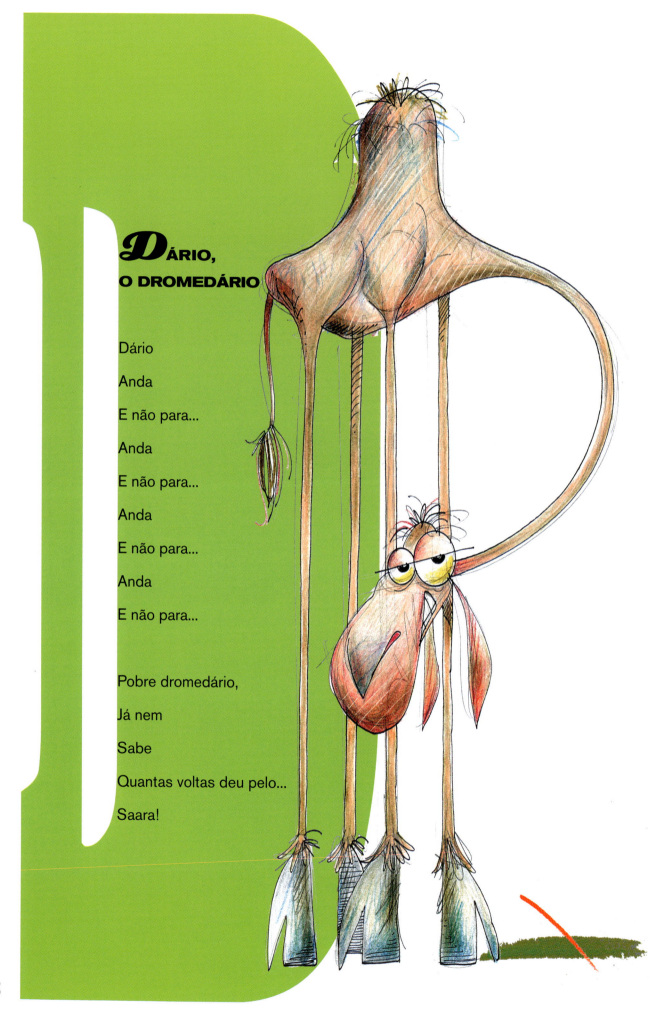

O ELEFANTE EDUARDO

O elefante
Eduardo
Era tão elegante...

Mas, um dia,
Entrou num
Restaurante,

Comeu,

Comeu,

Comeu,

Comeu bastante...

Bebeu,

Bebeu,

Bebeu,

Bebeu refrigerante...

**O elefante
Eduardo
Engordou cem quilos
Num instante!**

Fifi, a Foca

A foca
Fifi,
Toda faceira,
Fez o que quis:
Furou a bola
Com a ponta do nariz...

A foca
Fofinha
Pediu bis,
Batendo palminha
Toda feliz!

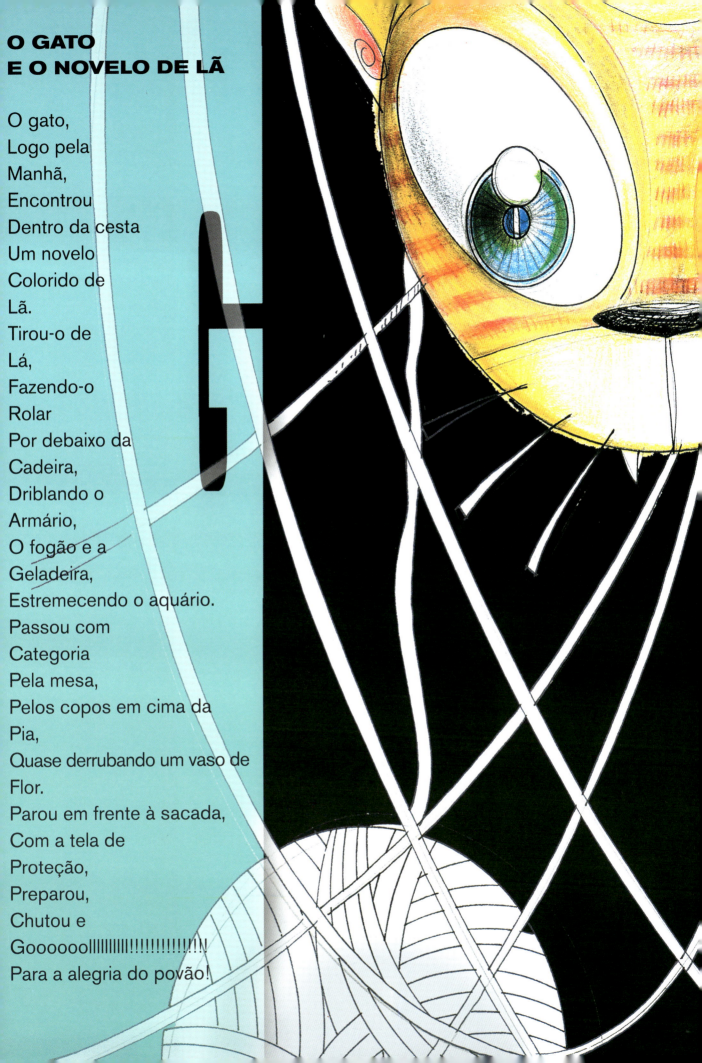

O GATO E O NOVELO DE LÃ

O gato,
Logo pela
Manhã,
Encontrou
Dentro da cesta
Um novelo
Colorido de
Lã.
Tirou-o de
Lá,
Fazendo-o
Rolar
Por debaixo da
Cadeira,
Driblando o
Armário,
O fogão e a
Geladeira,
Estremecendo o aquário.
Passou com
Categoria
Pela mesa,
Pelos copos em cima da
Pia,
Quase derrubando um vaso de
Flor.
Parou em frente à sacada,
Com a tela de
Proteção,
Preparou,
Chutou e
Goooooolllllllll!!!!!!!!!!!!!!!!!!
Para a alegria do povão!

HELENA

Helena
Entrou
Num cinema...

Na tela,
Um beijo
Daqueles de
Novela!

Uma lágrima
Rolou
Pela face
Morena...

Ela
Chorou,
Chorou,
Chorou,
Chorou de dar
Pena!

Até aí,
Tudo normal,
Não fosse
A pequena
Uma sentimental...
Hiena!

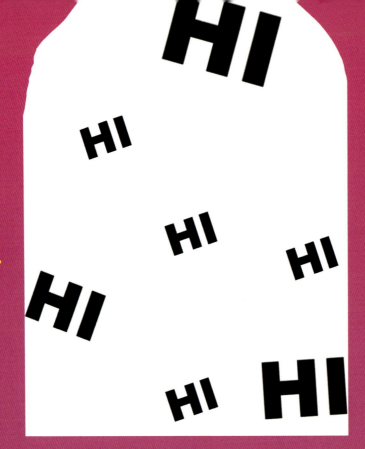

IVANA

O netinho pediu:
– Vó, me empresta uma
Grana?
Ela quis saber pra quê.
– Pra um bichinho
Superbacana!
A avó,
Seu nome era Donana,
Emprestou.
Dali a pouco:
– Essa aqui é a
Ivana!
A velhinha caiu para trás,
Ao ver que o bicho era uma...
Iguana!

JOANINHA DE DEUS

Sabe qual é a
Brincadeirinha
De que Deus
Mais gosta?

É pegar uma
Joaninha
E pintar as suas...
Costas!

KING KONG

KING!...
KONG!...
KING!...
KONG!...
KING!...
KONG!...

Pronto!
Chegou
O gigante
KING KONG
Para participar
De mais um
Campeonato
Mundial de...

PING!...
PONG!...
PING!...
PONG!...
PING!...
PONG!...

A LEOA

A leoa

Acorda

Ainda meio zonza,
Com aquela cara de
Sonsa...
Depois,
Um longo bocejo...

– Nossa Senhora,
Que bafo de onça!

O MACACO E O MICO

O macaco
Exibicionista
Pulou de um galho
Para o outro
Feito trapezista...

A plateia
Aplaudiu
Pedindo bis...
Mas que coisa,
Que ideia
Infeliz...

O macaco,
Que não era de
Circo,
Caiu do galho,
Pagando o maior...
Mico!

ORLANDO, O ORANGOTANGO

No carnaval,
O orangotango
Orlando
Mostrou ser mesmo
Bamba...

Por isso,
O pessoal
Agora o chama
De orango... samba!

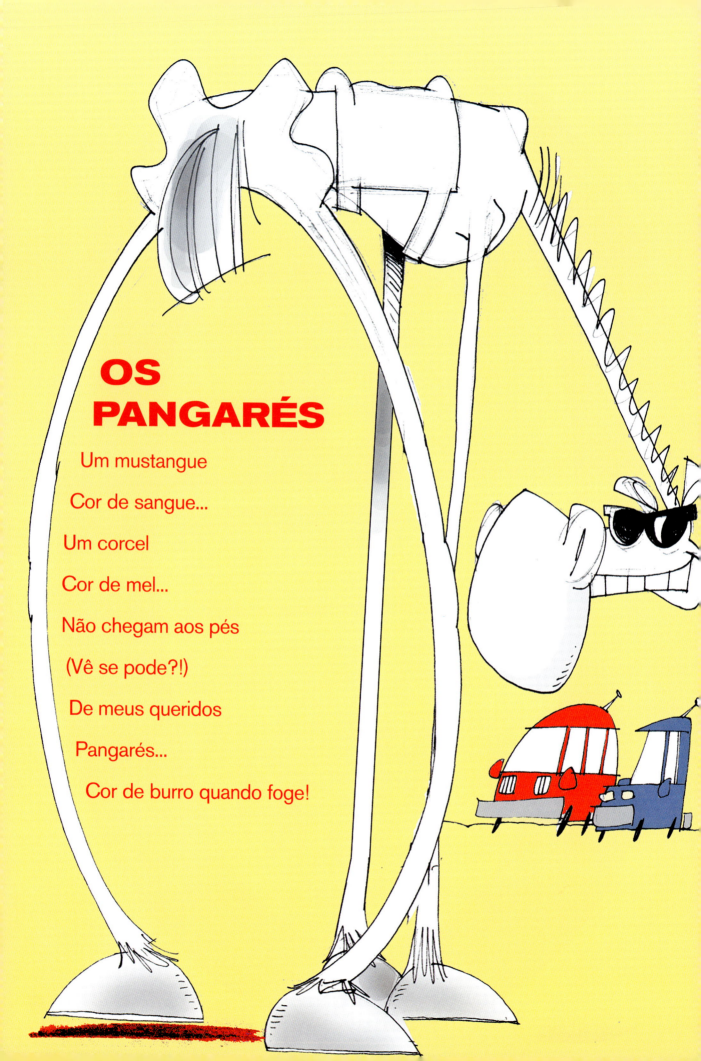

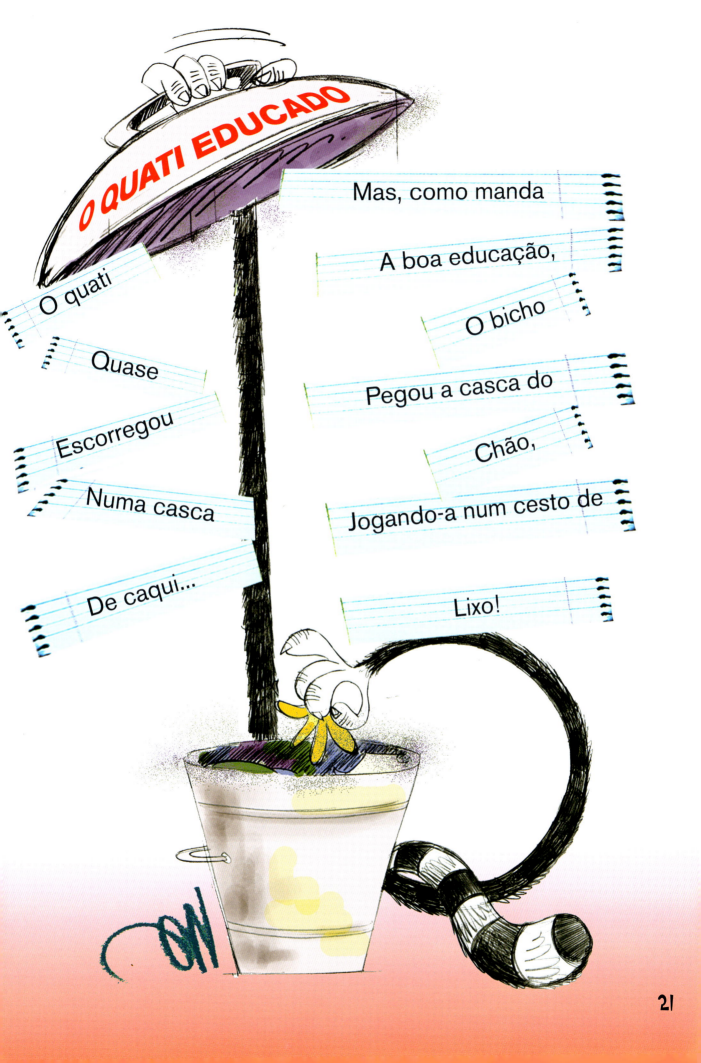

O RATO DE ROMA

O rato roeu a roupa do rei

de Roma...

E, de sobremesa,

A da rainha,

Do príncipe

E da princesa...

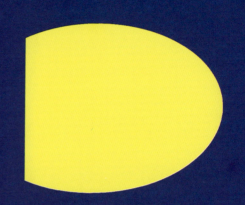

Esta é uma história

Antiga,

Mas o que ninguém sabe

É que o rato

Quase morreu de

Dor de barriga!

O SAPO GRIPADO

De tão gripado,
O sapo ficou
Assim:

A cada espirro
Um pulo...

A cada
Pulo um...

ATCHIM!

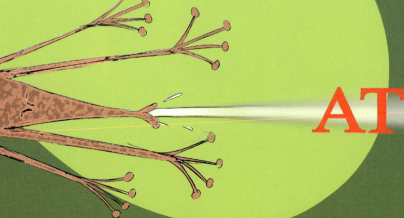

O TATU-BOLA

O tatu-bola se enrola...
Não se embola...
Não tem mola...
Só que rola...
E se amola...
Não dá fora,
Pois pede desculpas
E vai-se embora...
Ora, bolas!...

UBALDO, O URUBU

O urubu
Ubaldo
Usa sempre
O mesmo
Uniforme...
Será que o tira
Quando dorme?
Du-vi-de-o-dó!
Vai ver que
É por isso
Que anda
Sempre...

O VAGA-LUME

O vaga-lume
Fez amizade com
O pisca-alerta
De um carro
Quebrado
No acostamento
Da rodovia...
E tanto que
Pisca-piscava,
Que o vaga-lume
Não queria
Ver o momento
De o carro ser
Consertado!

O morcego Wilson
É mesmo um bicho
Muito engraçado...

WILSON

Parece um
Grande M,
Quando está
Acordado...

Mas,
Quando dorme,
Vira, então
Um W...
Um W enorme!

YURI

De tanto assistir a
Filmes de faroeste
O Rex não teve dúvida:

— O meu primeiro filhote
Vai se chamar...
Yuri Coiote, o uyyyyyyyyvo
mais rápido do oeste!

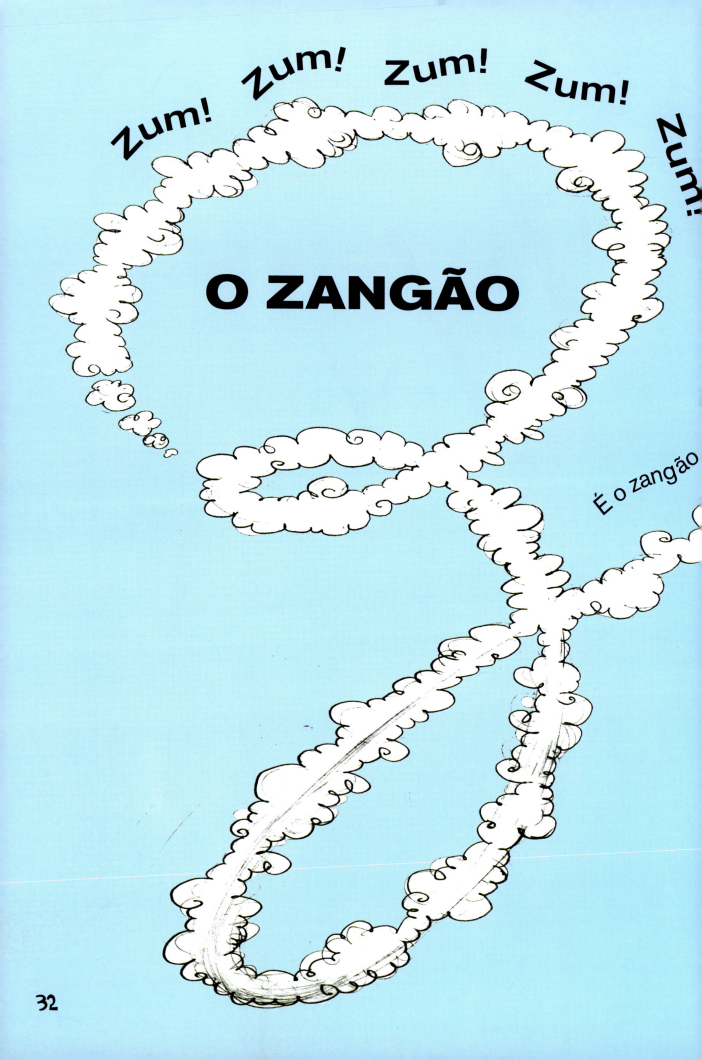